Zakhm Se Taj Tak

VERSES OF A WOUNDED WARRIOR

Sumit Hardasani

BookLeaf Publishing
India | USA | UK

Made with ❤ on the BookLeaf Publishing Platform
www.bookleafpub.in
www.bookleafpub.com

Dedication

To every soul who turned their wounds into wings,
to the ones who stayed after the storm,
and to the ones who left
for both taught me how to wear my own crown.

Preface

Zakhm Se Taj Tak is not just a collection of poems, it is a journey.

A journey through heartbreak, disillusionment, and the quiet nights when giving up seemed easier than getting up. But also, a journey towards self-respect, inner strength, and that moment when you realise the only crown you'll ever need is the one you place on your own head.

Each piece here was born from real emotions, written without filters, and meant to be felt not just read. I hope you find fragments of your own story within these pages, and the courage to rewrite your ending.

Acknowledgements

To the friends who held my hand when I wanted to let go,
to the strangers who unknowingly inspired verses,
to the heartbreaks that became my greatest teachers,
and to every reader who opens this book
thank you for giving my words a home in your heart.

1. Viraha

Main vo nahi tha, jo tujhse sirf pyaar karta tha
Main vo tha jo tere sapnon mein saans liya karta tha

Tu chali gayi, ek faisla, ek faasla banakar
Viraha ki syahi se do jeevan likhkar

Par mera pyaar aaj bhi, uss raat par atka hai
Jahaan teri baahon mein main tha, par tere iradon mein nahi

Jahaan main tere kareeb tha... par tere naseeb mein nahi

Jahaan tune meri rooh chhu li thi...par mera saath nahi
Jahaan tu bas ek pal thi... aur main umr bhar wahin

2. Kahani bankar reh gya

Ek raat thi, jo kabhi savera ban na saki,
Taron ke mele mein bhi, akeli jagti rahi.
Khwabon ke parindey, udne ko tayar the,
Par hawaon ka rukh samajh na saki.

Ek zubaan thi, jo baatein kar na saki,
Dil ke gehre raaz, shabdon mein utar na saki.
Har lafz ke peeche ek dard ka dariya tha,
Par woh dariya bhi aansuon se bhaa na saki.

Ek dil tha, jo kabhi saathi se mil na saka,
Dharkanon ke beech ek faasla sa raha.
Chaand bhi dekh kar chup sa ho gaya,
Aur hawayein sirf yaadon ke geet ga rahi thi.

Ek awaaz thi, jo mujhe pukar na saki,
Raat ke sannaton mein bhi, khud ko pehchan na saki.
Duniya poochti hai, kya chhod aaye raaste ke sang,
Main bas khamosh raha, har sawal mein tha ek rang.

Hum dono woh raahi the, jo manzil se door ho gaye,
Saath chal kar bhi ek doosre se door ho gaye.
Baaton ke dhaage uljhe hi rahe, sulajh na sake,

Aur main, ek kahani ban kar reh gaya, jo kabhi kalam se utar na saka.

3. Prem Ki Khoj Main

Har kadam par dhokhe mile, dil kai baar toota hai,
Parivar ki tarah sakha na mila, prem ka saccha naata chhoota hai.

Arjun sa har baar teer chalaya,
Prem ke ran mein haar hi paaya.

Yudh ki tarah prem ka bhi sangram maine har baar lada,
Parantu har baar nirasha ka pyala hi peena pada.

Dharmaraj Yudhishthir ka dhairya lekar aage badhta hoon,
Mahadev ke aashirwad se prem ki khoj mein juta rehta hoon.

Krishna ki baton mein jo sacchai hai, wo dil ko tasalli deti hai,
Sangharsh ki is raah mein kahin na kahin saccha pyaar milega, ye ummeed deti hai.

Jaise Mahabharat mein dharm ki vijay hui ant mein,
Waise hi mere jeevan mein pyaar ki jeet hogi, ye sankalp hai man mein.

4. In a City That Never Sleeps, He Thinks Wide Awake

He walks with the weight of wisdom unspoken,
A rebel in blazers, with logic unbroken.
He plays by the rules but rewrites them at night,
Where strategy dances with wit, sharp and light.

He calls out the cracks in the spirit of towns,
Doesn't sugarcoat chaos, doesn't laugh just to drown.
His words hit like headlines bold, raw, and clean,
Half Harvey, half heartbreak, with a love for the unseen.

He's loyal to legacy, to moments that stay,
Yet dodges deep ties like they'll take him away.

He speaks like a leader, but feels like a storm,
A heart dressed in armor, far from the norm.
He builds, he breaks, he questions with grace,
Then vanishes behind that half-smile on his face.

He's not everyone's cup of tea, he is more like aged malt,
With layers you sip, not chug by default.

So raise a toast to the guy who won't bend
The bold in the boardroom, the wild thoughtful friend.

5. Ishq Incomplete

Tere bina lagta hai life ek draft message jaisa,
Words toh likhe hain, par "send" ka button daba hi na jaisa.

Plans bante rehte hain, par mood set hi na ho,
Photos click hoti hain, par smile real hi na ho.

Jaise baarish aaye, par mitti ki khushboo na ho,
Gaana chale, par lyrics pe dil dooba na ho.

Tere bina Friday night bhi bas ek weekday lagta,
Crowd ho loud, par dil ka volume muted hi rehta.

Logon ke beech hoon, par teri yaad hi trending rehti,
Hasi aati hai, par woh "real feel" pending rehti.

Tu aaye toh scene ban jae complete,
Tab tak yeh love story... ***bas Ishq Incomplete.***

6. Ek Kavita Uske Liye - Jo Chhod gayi, Par reh gayi

Vo aai meri zindagi main iss kadar,
Jaise sookhe registan mein ho barsaat ka pehla asar.
Naam apna bataya iss shiddat se,
Jaise ek geet, dil ke saaz pe likha gaya ho sirf mere liye.

Hum mile, "Blabber All Day" ke ek chhote se kone mein,
Main coffee main aur vo apni hasi ke suron mein

Do nazrein mile, baatein phisli, dil ke file khuli,
Aur agle hi milan mein kahani nayi likhi.
Baat aage badhi... silsile hue,
Ghume, fire, shahar ke rangon mein do dil mile.
Khat likhe, reels bheji ...kabhi hasi, kabhi shyari,
Rishte ghere, hum dono ki duniya saari.

Uske baare mein jaani hazaar baatein:
Rani si shaan, subah ki pehli kiran jaisi uski muskaan.
Fashion ki duniya ki malika, jo thak kar bhi roshni barsaati,
Sapno ki badi behen, har din apni kahani likhaati.
Pyaar mujhse karti thi... kabhi bijli sa tikhha, kabhi barsaat sa narm,
Mehnat ki misaal, jo raaton ka din banati,

Thodi si guroor ki teh, ziddi sabhav aur masoomiyat ka jharna saath le chalaati,
Business mein uljhi, par sapno ko moti sa sajati.

Shaadi tak ka sapna, humne sitaaron pe likh diya,
Kalpana thi... par haqeeqat ka rang phikha pad gaya.
Uske kadam ruk gaye... meri raah na thami,
Ek hi wajah-vo milan jo uske maa-baap se kabhi na hui

Phir ek din udaasi ka saaya gehra chhaya,
Na jaane kis ki nazar ne is aangan ko chhoya.
Takraar ke sholay bhadke, baatein zakhmon par namak ban chali.

Aur rishte ki dor, ret ki tarah ungliyon se fisalne lagi.

Usne faisla suna diya...
Jaise Sita ne swayam dharti ko aalingan kiya,
Apni kahani ka antim aadhya khud likh diya.
Woh pal... na koi shraap tha, na haar,
Bas ek stree ka apna antim adhikar.
Main pathar sa khada tha... aankhon ne pukara, par honthon ne chup rehna chuna,
Aur rishte ka deepak, dheere-dheere bujhta dekhta raha

Aur ant mein... hum alag hue, jaise samundar se ek dariya chhoot gaya.

Aaj main jeet raha hoon... duniya meri hai,
Magar dil ka ek kona... aaj bhi uska ghar hai.
Aur har kavita ke beech, ek narm si lau jalti hai,
Jaise andhere mein koi prarthana chalti hai.
Kyunki mohabbat sirf paane ka silsila nahi,
Kabhi-kabhi... chhod dena hi kahani ka noor ban jaata hai,
Jo aakhri panne ko bhi... amar kar jaata hai.

7. Badalte Chehre

Ab kaun uthe fir se, mohabbat ke is akhaade mein,
Jahan har jeet ke baad, haar likhi ho ishaare mein.

Ab kise jaankar, fir ajnabi bante dekhu,
Kise chaahkar, apni rooh ka qatra dete dekhu.

Thak chuka hoon in chehron ke badalte mausam se,
Jahan waade khilte hain, par murjha jaate hain mausam se.

Ab bas jeena hai, apne usoolon aur taaj ke saaye mein,
Aur jo chhod gaye humein, wo jalenge humaari udaan ke saaye mein.

8. Uski Awaaz

Peechhe se jab woh mera naam pukaarti thi,
Aisa lagta tha jaise waqt ruk sa gaya ho
Jaise Suraj apan safar bhul gaya ho.

Chehre pe muskaan, aankhon mein shararat
Us lamhe ne jaise zindagi ki saari wajah bata di ho.

Ab na woh awaaz hai, na woh saaya.
Bas naam wahi hai ,Jo ab bhi kisi chamatkaar ka intezaar karta hai.
Jaise sapna bhi apne hone ka iqraar karta hai.

9. Aasman Ki Udaan

Aasmaan ki chhat pe, har sitara mera hi ghar hai,
Kisne kaha parindon se ki unka bas falak par ghar hai?

Main toh wo khwaab hoon jo neend se aage jeeta hai,
Main wo junoon hoon jo rukavaton ke baad bhi rehta hai.

Safar abhi shuru hai, ant abhi door hai,
Main wohi beej hoon, jisme jungle ka guroor hai.

Girna toh bas dhool ka ek kissa hai,
Uthna meri kahani ka hissa hai.

Jo parinda ban ke uda, usne bas zameen chhodi,
Jo sapnon ke saath udaa, usne taqdeer nayi gadhi.

Pankh faila ke uda toh parinda kehlaya,
Soch faila ke jeeya toh aasmaan banaya.

Main sirf hawa ka jhonka nahi, ek toofan hoon,
Main rukawat nahi, wo chaabi hoon, jo aasman kholun.

Agar mujh mein aasmaan ban'ne ki kabiliyat hai,
Toh phir parinda ban kar kyun khush rahoon...?

Mera junoon toh hai,
Apna khud ka falak racha kar usmein suraj basaa doon.
Zindagi wahi hai jo aage badhne ki maang karti hai,
Jo ruk gaya, sirf zinda hai...
Jo chala, woh hi jee raha hai!

10. Niyat aur Niyati

Niyat hi beej hai, niyati uska phal,
Jo soch mein shuddh hai, wahi jeetega kal.

Karm ki gehraiyon mein jo apna rang gholta hai,
Wahi apne bhagya ka lekhak aur molta hai.

Na dhan, na daulat, na taaqat ka sauda,
Sirf saaf niyat se ugata hai jeevan ka paudha.

Jahan niyat tej ho, wahan andhiyaara mit jaata hai,
Raaste khud mudkar insaan ko dikh jaata hai.

Geeta ke shlok bhi yahi raaz sunaata hain,
Karm karo saaf niyat se, fal toh khud chalke aata hain.

Niyat se judi hai niyati, yeh hai srishti ka niyam,
Jisne samjha is satya ko, usse dharm nibhana aagaya.

Ant mein sirf itni se samajh lo jeevan ki baat
Niyat ho pavitra, toh niyati deti hai saath.

11. Corporate Circus

Corporate Circus

Mondays march in like soldiers with ties,
Coffee becomes courage, ambition in eyes.
The new joiners beam, their futures feel vast,
"Welcome aboard!" till the honeymoon's past.

At first it feels like Disneyland with pay,
Free coffee, bean bags, and birthdays every day.
Titles shine brighter than Diwali lights,
"Associate to Leader" endless flights.

The boss says, *"We're family, together we rise,"*
But appraisals remind you it's profit, not ties.
Townhalls echo with slogans rehearsed,
"Work-life balance!" while checking your *Teams* at 1st.

Zoom calls filled with faces in squares,
Nodding like bobbleheads, battling between mute and unmute pretending we care.
"Great point, Raj!" (though no one was listening),
The art of survival is subtle positioning.

HR says *"family"*, finance says *"cost"*,
Dreams are the currency silently we lost.

We clap in meetings for PowerPoint art,
While someone just copy-pasted the chart.
Slack pings like popcorn, emails never sleep,
We "circle back" promises we never keep.

Everyone's a "family," or so they say,
Until appraisal cuts love halfway.
Dreams of novels, startups, or a band,
Traded for deadlines no one planned.

Our LinkedIn smiles sell "passion and drive,"
But inside we wonder are we alive?
Hypocrisy wears a tie, shakes your hand,
While ambition rusts in Excel-land.

Yet in stolen moments between the grind,
A whisper asks, what do *I* want to find?
Is success the cubicle, or a life more free...
Or just the courage to be truly me?

We traded guitars for graphs, paintbrush for PPT,
Every cell in Excel eats a part of me.
And still we laugh, we joke, we survive,
A circus of clowns just keeping alive.
But under the laughter, the question won't hide:
Are we working for life or just life on the side?

12. BHARAT - Unfiltered

Bharat bole, duniya sune, *India rising* ke naare,
IT, Space, Pharma, hum ban gaye duniya ke sitare.
Silicon Valley mein bhi humari coding ki baat hai,
Operation Sindoor se duniya ko dikha di apni aukaat hai.

Par...
Ek taraf moon pe rocket, doosri taraf bijli ka bill,
Yaha flyover bante hain, par sadko pe abhi bhi gaddhe chill.
Metro ke posters chamke, naye sapnon ka mela,
Par gaon mein paani ke liye bachche roye akela.

Yeh zameen bolti hai
gareeb ka khoon sasta hai, ameer ka sona mehenga.
GST, income tax, cess, aur surcharge ka khel,
Digital India ke sapnon ke neeche, dhool aur mail.

Banking mein scam, politics mein tamasha,
Neta kehte hain "sab changa hai, yeh sirf jumlon ka jhaansa."
Aaj bhi ration card ke liye aadmi bhatakta hai,
Aur upar waale neta foreign trip pe nikal padta hai.

Hum keh dete "Mera Bharat Mahan",

Par khud hi sochte aakhir chal kya raha hai yaar?
Ek taraf tarakki, doosri taraf gareebi,
Ek taraf rocket, doosri taraf roti ki kasrat ajeeb.

Phir bhi...
Haath jod ke kehna padega, India badla hai,
20 saal pehle jhukte the, aaj duniya ne maana hum alag level ka tadka hai.
Hum tough decisions le rahe, duniya ko dikhate stance,
Par asli Bharat ko milna abhi bhi hai chance.
Aur, sach yeh bhi hai
Hawa ka rukh badalne wala hai,
par hawa ko chalane ke liye tufaan banna padta hai.

Bharat ek nadi hai..kabhi bhaagti hai, kabhi sukh jaati hai.
Kabhi pahadon ki tarah khadi,
kabhi aandhi ke saamne bikhar jaati hai.
Par nadi ho ya tufaan,
rukne ke liye paida nahi hote,
woh behne, woh ladne, woh todne ke liye paida hote hain.

Samay aa gaya hai
Na memes, na sirf shikayat,
Par ek kadam, ek awaaz, ek naya iraada.
Kyuki agar tu nahi uthega,

to yeh mitti teri pukar ko yaad rakhegi:
"Ek aur yuva khud ke darr mein doob gaya."

Soch, darya agar kinara chhodne se dare,
toh samundar se kaise milega?
Soch, agar bijli garajna chhod de,
toh aandhiyaan kaise rukenge?
Aur agar andhera na tootega,
toh subah kaise niklegi?

Bharat tujhmein hai, Bharat mujh mein hai,
aur Bharat hum sab mein hai.
Ye desh ek apurna kavita hai,
jiski puri pankti **hum likhenge.**

Aur ab...
Uth ja, Bharat ke naujawan
Abhi raat lambi hai, par subah pukar rahi hai,
Tere kadam se Bharat ki kahani sanwar rahi hai.

Ek daur aayega: naare nahi, tere karam taal banenge;
Sapne sirf apne nahi, Bharat ke vichaar banenge

Aur tab...
na gareeb hoga paraaya, na ameer alag hoga,
mitti khud kahegi
"Yeh hai mera asli chehra,

yahan insaan insaan ke saath khada hoga."
Itihas likhega
ke is mitti ke Bete, betiyo ne
sirf jee kar nahi,
par desh ko jeet kar gaye.
Aur jab duniya Bharat ka naam legi,
woh sirf shakti ya bazaar nahi dekhegi,
woh ek awaaz sunegi
"Humne sapne ko haqeeqat banaya,
aur Bharat ko waakayi mahaan banaya."

13. Mann Ka Chakravyuh

Raat ke sannate mein soch ek tufaan ban jaati hai,
'Kya hota agar...' ke jaal mein rooh ulajh jaati hai.

Dil ke pankh par baitha parinda bhi qaid mehsoos karta hai,
Khud ke sawaalon ka bojh insaan ko chhota kar deta hai.

Bechain dimaag, ek aaine ki tarah, khud hi todta hai,
Har darwaza khula hota hai, par darr use rokta hai.

Par subah ki roshni kehti hai, ruk, saans le, abhi jee,
Kal ke andheron se aaj ki roshni ko kyun cheen?

Yaad rakh samundar bhi shant hota hai tufaan ke baad,
Soch bhi roshan ban jaati hai, jab tu leta hai faisla ek saaf.

Soch dushman nahi ek raah hai jo raasta dikhata hai,
Par raaste se guzarna tabhi mumkin hai... jab tu soch se aage badhta hai.

14. Samay

Samay aaine ki tarah hai jo chehre badalta nahi, sirf dikhata hai,
Aur phir khamosi se un chehron ko mitti mein lautata hai.

Tu samajhta hai tu waqt ka malik hai, par haqeeqat mein tu sirf mehmaan hai,
Jiska har pal udhaar hai aur har pal ka hisaab likha jaata hai.

Samay na dushman hai, na dost, bas ek aakhri sach hai,
Jo ise samajh kar jeeta hai... uska har kadam itihas likh jaata hai.

Aur jo samay ko samajhne se inkaar karta hai,
Woh jeevan jee kar bhi, jeevan se khali reh jaata hai.

15. Jhooth Ke Rangmanch Se Sach Tak

Usne apni muskaan mein jadoo dikhaya,
aur main apna wajood us jadoo mein haar aaya.

Achanak... jaise kisi naatak ka parda beech manch par gir jaaye,
Pyaar jo kal tak amar lagta tha,
aaj raakh ki tarah ungliyon se fisal jaaye.

Kal tak jo nigaah mein noor tha,
aaj wahi nigaah ajnabi ban jaaye.
Jo baatein dil ko mandir lagti thi,
aaj wahi shabd teer ki tarah chubh jaaye.

Aaine darak gaye,
aur manch par kalakar
bina alvida bole, bas chal diya.

Chhod gaya peeche sawaalon ka dher:
Kya galti meri thi?
Kya yaadein jhooth thi?
Ya main hi pagal tha
jaisa woh thandi nazron se keh gaya?
Yeh bichhadna achanak na tha

yeh ek sochi-samjhi shatranj ki chaal.

Har wada, har narmi,
pehle se likhe gaye jhooth ka hissa tha.
Woh swarthi
jiski baahon mein maine apna aakash dekha,
asal mein ek shoonya tha,
jo sirf khud mein hi qaid tha.
Aur main?
Maine jaana
dosh mera kabhi na tha.
Dosh bas itna tha ki maine
usse pyaar kiya
jiske dil mein pyaar ki kshamata hi nahi thi.

Aaj main gir kar bhi sambhal gaya hoon,
zakhmon ko apni kalam ka roshan chirag bana diya hoon.

Aur main yeh sach duniya se kehna chahta hoon:
Jo log tumhe chhod dete hain,
unmein kami thi tum mein nahi.
Tum khud mein ek poori duniya ho,
aur samay tumhe naya janm zaroor dega.

16. Patton ka Rang, Jadon ka Sach

Shaam dhali, patte muskaan ban kar aaye,
subah se pehle hi hawaaon mein kho jaaye.

Shaakhen mazboot thi, lekin dhokhe ka asar,
aandhi chali toh awaazon ke saath tootkar bikhar.

Aur phir woh jad, jo kabhi nazar na aayi,
mitti ke andheron mein bhi rooh ko thaamti samajhayi.

Patte rang laaye, shaakhen pal mein bik jaaye,
par jadon ki khamoshi hi zindagi ko naya janm dilaye.

Isliye main un jadon ka shukriya ada karta hoon
jo khud ko chhupakar, mujhmein zindagi jagate rahe.

17. Khud Se Khuda Tak

Na roshni ka shor, na taaliyon ki bhookh,
Bas khud se jung, aur sapno ki dhoop.

Jahan baatein na honton pe afwah ban jaaye,
Par brahmand ke raaz, aakaash tak pahunch jaaye.

Jo chup rehta hai, par sitara ban jaata hai,
Wahi andheron mein suraj ban jaata hai.

Yaad rakh amar wahi hota hai,
Jo khud ko jeet kar, Khuda se guftagu karta hai.

18. Har Insaan Ek Shlok

Arjun ki tarah jab man ka dhanush kaanp jaaye,
Krishna ki awaaz ban, andheron ko roshni dikhaye.

Na kal ka pashchataap, na bhavishya ka darr,
Jo pal tujhe mila hai, wahi hai Ishwar ka var.

Pandav ki tarah akela sahi, par satya sang rahe,
Jeet usi ki hoti hai, jo dharm ke rang rahe.

Har rukawat sirf tera apna Kurukshetra hai,
Har intezaar Krishna ka likha hua mantra hai.

Aur yaad rakh..tu na tuchh hai, na vyarth hai,
Har insaan ek shlok hai... jisme chhupa har lok hai.

19. Aakhri Saans Tak

Tufaan ho ya andhiyaara, main khud se kabhi na haara,
Aag ban jaunga main, jab bhi jale sitara.

Zakhmon ko main geet banaaun, har girne par phir se gungunaaun,
Maut bhi ruk na paaye, jab jeet ka junoon sajau.

Paththar bhi rasta de deta hai, jab junoon se takrata hai,
Sipahi wohi amar hota, jo maut ko bhi harata hai.

Khoon-paseene se raasta likha, girte girte bhi maqsad pakda,
Jo girkar uth jaata hai... usse khuda bhi salaam kar jaata hai.

20. Jab Hum...Hum the

Ek daur tha, tu mere dil ka sheher tha,
Mere lafzon mein basa teri saanson ka ghar tha.

Main andhiyaaron ko roshni bana ke laata,
Tu khamoshiyon mein mujhse door jaata.

Dil tha samundar, par jazbaat ke do kinaare,
Ek doosre ko pukaarte rahe, phir bhi rahe bechaare.

Jahan main deewar pe khidki banata gaya,
Tu apni deewar ko aur unchi uthata gaya.

Hum dono ne pyaar likha apni-apni zubaan se,
Aur kho gaye ek hi daastaan ki anjaani jaan se.

Ab sirf yaadon ka shor hai, rishte ka nahi,
Aur haqiqat yeh...sab kuch hone ke baad bhi, pyaar kaafi nahi.

21. Sher Banne Ka Irada 🦁

Jo khud ko chhoti bhookh mein uljhaaye, woh bade khwab kabhi na paayega,
Jo chhaya se chipak ke chale, woh suraj ka noor kaise paayega.

Zindagi ke jungalon mein sher ban'na hai toh choohon se rishta todna hoga,
Apni aadaton ke zehr ko peena hoga, purane zakhmon ko seena hoga.

Jo parindey aasman ke liye hain, woh zameen ke daano mein na uljhte,
Jo darya samundar ban'ne chale, woh kinare ke pathron se na chipakte.

Aur haqiqat yeh...sher ban'ne ka irada rakha hai toh,
junglon ki raakh se uthkar, taaj khud gadhna hoga.
bhookh se ladkar jeena hoga, aur dahad se duniya badalna hoga.
kismet ka intezar nahi, taqdeer khud likhna hoga.

22. Bichhadte Lafzon Ka Nazrana

Tere lafzon ka bojh abhi bhi seene mein basa hai,
Jaise marham bhi ho... aur chhuri ka nishaan bhi dikh raha ho.

Tere hothon ne wafaa likhi, teri baahon ne dua banayi,
Phir wahi hoth aur wahi baahen, judaai ka farman kyun laayi?

Samajh nahi paaya, agar dil mera tha,
Toh kyun usse anuchit chunaav ke saaye mein chhod diya?
Jahan meri saansein thi, wahan usko kyun khud se alag kar diya?

Tune aansuon ki mohar lagayi, meri rooh tak ko sulga diya,
Par karan na bataya, kyun pyaar ka qissa adhoora chhod diya?

Tere jaane ka sabab jaise ek raaz ki deewar ban gaya,
Main khud se ladta raha... par jawab tujh mein hi qaid ban gaya.

Har raat teri yaadon ka ek zakhm nayi aag bhar deta hai,
Mohabbat thi ya saza, yeh sawal ab bhi mera dil cheer deta hai.

Tere chhod jaane se mohabbat ka antim sanskaar ho gaya,
Dil zinda hai magar pyaar ka shraaddh ho gaya.

23. Zakhm Se Taj Tak - Signature Poem

Har dard ne mujhe roka nahi, raasta dikhaya,
Har dhokhe ne mujhe toda nahi, bas naya sach sikhaya.

Jo gira tha raakh mein, wahi chingaari ban gaya,
Jo tuta tha khud se, wahi kahani ban gaya.

Na haar meri thi, na andhera mera tha,
Zakhm se Taj Tak—sabak bhi mera, safar bhi mera tha.

Aur ab zamana ruk ke dekhega meri parwaaz,
Teeron se nikla hoon main, ab sir pe hoga Taj 👑

www.ingramcontent.com/pod-product-compliance
Lightning Source LLC
LaVergne TN
LVHW022031200926
848481LV00007B/2637
* 9 7 9 8 8 9 8 6 5 7 1 3 0 *